CÓMO DESARROLLAR EL PENSAMIENTO CREATIVO

Inteligencia y mente creativa.

Desarrolla el talento creativo para aumentar la creatividad y la capacidad de resolución de problemas.

Creatividad en la escuela

Hayden J. Power

Como desarrollar el pensamiento creativo

©Copyright 2021

de Hayden J. Power – Todos los derechos reservados

Índice

Introducción 9

Capítulo 1: El significado de la inteligencia creativa 13

   1.1 Cómo funciona la inteligencia creativa 14

   1.2 Tipos de pensamiento creativo 19

   1.3 Características generales de las personas creativas: 22

Capítulo 2: Rasgos y signos de la inteligencia creativa 24

   2.1 Las creatividades miran más allá de lo convencional 27

   2.2 Conciencia de la maldición del conocimiento 27

   2.3 Conocer gente nueva 29

   2.4 Tienen un problema de autoridad 30

   2.5 Cómo resolver problemas 30

   2.6 Autocrítica 31

   2.7 Curiosidad extrema 32

   2.8 Toman notas 33

   2.9 Detectan la belleza al instante 34

2.10 Son inmunes al rechazo 34

2.11 Entienden el poder de su entorno. 35

2.12 El buen gusto 36

2.13 Ven películas 36

2.14 Ellos no anhelan el dinero 36

2.15 Inestabilidad emocional 37

2.16 Inspiración 37

2.17 Buen sentido del humor 38

2.18 La evolución continúa 38

2.19 No le gustan los estereotipos 39

2.20 Sed de información e inquietud 40

2.21 No ceden a la presión 41

2.22 Son valientes y arriesgados 41

2.23 Piensan fuera de la caja 43

2.24 Intuición de uso 43

2,25 Extremadamente expresivo 44

2.26 Puede liberar información oculta. 44

2.27 La tarea los motiva 45

2.28 Pueden conectar lo viejo con lo nuevo
.... 45

2.29 Son enérgicos y enfocados 46

2.30 Son inteligentes 46
4

2.31 Las personas creativas son disciplinadas y juguetonas. 47

2.32 Son soñadores 48

2.33 Son extrovertidos e introvertidos. 49

2.34 Orgullo y modestia 50

2.35 Los roles específicos de género no tienen impacto en las personas creativas ... 51

2.36 Son conservadores y rebeldes 52

2.37 Son apasionados pero objetivos en su enfoque. 52

2.38 Son tolerantes 53

2.39 Son introspectivos 54

2.40 Les encanta estar solos 55

2.41 Sus pensamientos y acciones no coinciden 55

2.42 Su aprendizaje es lateral al vertical. 56

2.43 Odian sacar conclusiones precipitadas 56

2.44 El fracaso es fuente de motivación 57

2.45 Les gusta ser diferente 57

2.46 Son agresivos con el enfoque burocrático 58

2.47 Hacen caso omiso de las reglas 59

2.48 Trabajan independientemente............ 59

2.49 Excentricidad.. 60

2.50 Extrañas características de las personas creativas. 61

Capítulo 3: Formas y métodos para desarrollar la inteligencia y las habilidades creativas....... 64

3.1 Dedícate a la creatividad 65

3.2 Intenta convertirte en un experto 65

3.3 Recompensa la curiosidad 66

3.4 Toma riesgos 66

3.5 Construye tu confianza.............................. 67

3.6 Dedica tiempo a la creatividad 67

3.7 Superar las actitudes negativas.............. 68

3.8 Sobrellevar el miedo al fracaso 68

3.9 Busque nuevas ideas.................................. 68

3.10 Intenta descubrir múltiples soluciones.. 69

3.11 Lleva un diario de creatividad 69

3.12 Utilice diagramas de flujo 70

3.13 Pon a prueba tus habilidades y crea oportunidades 71

3.14 Buscar inspiración...................................... 71

3.15 Prueba la técnica de la bola de nieve 72

3.16 Absorba el máximo contenido saliendo de su zona de confort 73

3.17 Escribe un artículo sin un tema predefinido.. 73

3.18 También puedes disfrutar escuchando la historia de un amigo........................... 74

3.19 Comer diferente 74

3.20 Lluvia de ideas 75

3.21 Tu cerebro puede hacer un excelente trabajo creativo cuando estás cansado 75

3.22 El ejercicio puede mejorar tu creatividad.. 76

3.23 Los niveles de ruido ambiental son los mejores para la creatividad 77

3.24 Los viajes al extranjero están vinculados a la promoción del pensamiento creativo . 78

3.25 La luz tenue estimula la creatividad 78

3.26 El azul y el verde tienen un impacto positivo en las tareas creativas. 79

3.27 Las restricciones ayudan a realizar el trabajo creativo.................................... 79

3.28 Un escritorio desordenado puede estimular tu creatividad 80

Capítulo 4: Beneficios e importancia de la
inteligencia creativa 81

4.1 Beneficios de la creatividad en el lugar
de trabajo 81

4.2 La importancia de la creatividad y la
innovación en las empresas 88

4.3 Importancia de la creatividad en la vida
.... 90

4.4 Papel e importancia de la creatividad en
el aula... 92

Conclusión 103

Introducción

La inteligencia creativa es una forma de pensar (no es una técnica) y trae un cambio radical en la percepción del mundo de las personas con la capacidad de resolver creativamente los problemas de la vida diaria.

La capacidad de recopilar nuevos conocimientos y utilizarlos para gestionar y resolver problemas de nuevas formas se denomina Inteligencia Creativa. Ser creativo significa salir de lo que se sabe, así como demostrar voluntad y curiosidad para superar ciertos límites y afrontar el status quo (en el estado en que). La propensión a percibir, visualizar y comportarse de forma creativa es un talento humano poco común. No se limita a un solo grupo de personas y se puede encontrar en cualquier parte del mundo, no solo entre escritores, cantantes, creadores de empresas emergentes, neurocientíficos e instructores.

La creatividad, tal como es hoy, es la fuerza motriz de la economía internacional: el reconocimiento del valor de la creatividad es críticamente necesario. El intelecto creativo y el potencial creativo se están convirtiendo en una necesidad para la realización personal y profesional en el entorno actual, caracterizado por una intensa competencia y problemas desafiantes.

Los principales estudiantes del pensamiento creativo han argumentado que la imaginación es tan importante en la educación como la alfabetización. Por tanto, existe una demanda creciente para tratarlo con la misma importancia. El primer paso para promover y fomentar la creatividad es disipar la creencia errónea de que la creatividad es un don que poseen unos pocos individuos selectos, algo completamente engañoso ya que todos tenemos fantásticas habilidades creativas e innovadoras. No es más que inteligencia creativa, que nos ayuda a creer que nuestra mente puede construir cosas que no existen. La inteligencia nos ayuda a formular teorías, encontrar diferentes perspectivas y fantasear. La creatividad fomenta la innovación y la requiere para abordar las preocupaciones modernas y también para formular nuevas teorías. El entorno profesional actual realmente necesita personas que utilicen el pensamiento creativo para interactuar y cambiar el mercado global.

En el mundo empresarial existe una creciente necesidad de desarrollar un plan de estudios educativo que incluya habilidades de resolución de problemas para fomentar un entorno donde haya resistencia a los errores.

Los expertos en educación y creatividad han descrito los rasgos que se mencionan a continuación como contribuyentes a la creatividad:

- Habilidades de imaginación
- Intuición
- Apertura
- Atreverse (tomar riesgos)
- Máxima tolerancia a la ambigüedad

La inteligencia creativa es importante porque es una herramienta valiosa que nos permite percibir y apreciar soluciones alternativas, conceptos innovadores y posibilidades únicas. Esta visualización innovadora a menudo nos permite superar las barreras mentales que entran en conflicto con el pensamiento imaginativo.

Está claro que nuestros sistemas educativos deben adaptarse rápidamente a dicho entorno, y la inteligencia creativa es esencial para ello. Todos reconocemos que la imaginación depende de nuestra capacidad para percibir y comprender, de la experiencia adquirida y de nuestra capacidad para ampliar, reafirmar, ensamblar e inventar nuevos enfoques a los desafíos. Estos desafíos pueden ser tareas complejas, tomar riesgos, etc.

Discutiremos en detalle los atributos de las personas con Inteligencia Creativa, las formas y métodos para inculcar la creatividad, la importancia de la Inteligencia Creativa y sus beneficios en el sistema educativo y en el mundo profesional.

Capítulo 1: El significado de la inteligencia creativa

La inteligencia creativa representa la voluntad y el deseo de abordar problemas de manera innovadora, como la aplicación de una estrategia radicalmente diferente para la realización de una tarea compleja o la interpretación de un resultado dado de una manera diferente. Las empresas tienen una gran necesidad de empleados que tengan habilidades creativas y la capacidad de introducir nuevos conceptos en el lugar de trabajo. Parece una obviedad pero, tras la llegada de Internet, el mundo del trabajo también ha comenzado a cambiar, dándose cuenta de lo importante que es la creatividad para conquistar la cuota de mercado.

La inteligencia creativa nos permite pensar fuera de la caja, y el pensamiento lateral generalmente está involucrado en la creatividad. De hecho, el pensamiento lateral permite que una persona perciba patrones no obvios. La inteligencia creativa es una habilidad en la que una persona concibe nuevas formas de realizar tareas complejas, encontrar soluciones a problemas y afrontar desafíos. Por lo general, implica aplicar un enfoque poco convencional a la tarea en cuestión. La productividad empresarial en sí se puede incrementar de múltiples formas con la ayuda de la Inteligencia Creativa. ¡Pero la creatividad no es solo el dominio de artistas y genios creativos! Por otro lado, es una habilidad y capacidad que se puede adquirir, cultivar y desarrollar.

1.1 Cómo funciona la inteligencia creativa

Existen múltiples posibilidades para aplicar el pensamiento creativo en el lugar de trabajo. Estas posibilidades aparentemente van desde roles artísticos hasta roles excepcionalmente especializados. Pero no siempre y solo es así: el pensamiento creativo emerge en realidades tan diferentes como inesperadas. A continuación, se muestran algunos ejemplos de cómo se puede utilizar mejor el pensamiento imaginativo en el lugar de trabajo.

No solo creatividad artística

No es solo el artista quien posee inteligencia creativa y, por lo tanto, puede utilizarla para completar su obra. Ese producto también debe venderse, por lo tanto, es posible que crear una tienda impresionante con exhibiciones hermosas también sea una demostración de habilidad creativa. Puede mostrar sus habilidades creativas creando contenido fabuloso para actividades promocionales, desarrollando diseños poco convencionales o creando una línea innovadora para la campaña de lanzamiento del producto. Así que cada vez que miras un cuadro puedes admirar la creatividad del pintor pero no debes olvidar la creatividad de todos aquellos que contribuyeron a ese cuadro cuelga en tu casa.

Solución creativa de problemas

La resolución creativa de problemas también se entiende como una habilidad innovadora. Un solucionador de problemas con Inteligencia Creativa, ante situaciones particulares, incluso repentinas e inesperadas, siempre buscará nuevas soluciones en lugar de apostar por las clásicas formas consolidadas de gestionar situaciones. Por lo general, emplean la lluvia de ideas como una técnica para encontrar y evaluar nuevas formas de conservar la energía mental y resolver problemas.

Creatividad en CTIM (Ciencia, Tecnología, Ingeniería y Matemáticas)

La ciencia y la ingeniería a veces se conciben como campos sin potencial creativo, pero esta es una hipótesis infundada. De hecho, estos campos tienen un alto potencial de creatividad. Por ejemplo, se necesita un programa informático innovador para desarrollar una línea de montaje eficiente.

Son numerosos los ejemplos que se pueden citar en el campo de la ciencia y la tecnología sobre proyectos que quedaron inoperativos por el hecho de que los proyectos fueron creados sin ningún aporte creativo. Los campos de la ciencia, la tecnología, la ingeniería y las matemáticas no pueden crecer y prosperar sin la Inteligencia Creativa. El propio ingeniero tiene que afrontar un proyecto de forma creativa para solucionar problemas relacionados con la creatividad de un arquitecto, quien a su vez ofrece una solución a las peticiones del cliente que éste formula gracias a su propia creatividad e imaginación.

¿Qué sucede cuando se activa la Inteligencia Creativa?

La inteligencia creativa es capaz de utilizar esa parte de la existencia humana que todavía está bastante indefinida. Todos creamos constantemente a través de nuestros pensamientos, consciente e inconscientemente, siempre estamos en un estado creativo continuo. La capacidad de aprender y conocer cosas es lo que define la inteligencia humana y el componente necesario de esta capacidad es el pensamiento imaginativo.

La imaginación humana se activa a través de intenciones y procesos de atención. Los pensamientos rompen sus lazos en este entorno creativo, la mente trasciende los límites, el conocimiento se difunde y los poderes, habilidades y talentos inconscientes cobran vida. Tu intelecto creativo es básicamente el estado mental que te permite acceder a este estado. Los términos creatividad, inteligencia creativa y pensamiento de diseño se encuentran en el mundo actual de velocidad y tecnología.

El Pensamiento de Diseño se ha vuelto famoso porque ayuda a las personas que no se ven como "artistas" a aprender a pensar en sí mismas como tales. De hecho, los artistas tienen una forma curiosa de lidiar con la complejidad. Los artistas se dan cuenta de que, si bien tienen un objetivo claro, liberarse de los puntos de vista y las normas existentes es una parte integral del viaje para construir algo que acepte y desafíe las expectativas de uno. El Pensamiento de Diseño hace que las personas se sientan seguras de que están creando nuevas soluciones y afrontando desafíos con facilidad porque están seguras de que están logrando sus objetivos.

De manera explícita, este proceso no

puede definirse como el desarrollo de nuevas habilidades ya que está más asociado con el desarrollo cognitivo. Simplemente significa educar y capacitar a otros para que piensen y enfrenten escenarios desafiantes de una manera poco ortodoxa.

1.2 Tipos de pensamiento creativo

Hay varias formas de expresar el pensamiento creativo. A continuación informo las principales características necesarias para el desarrollo del pensamiento creativo. De hecho, ser creativamente inteligente aún presupone tener ciertas cualidades que son esenciales.

Análisis

Antes de pensar de manera creativa, debe poder comprender el tema, conocerlo y tener la capacidad de evaluar cuidadosamente los detalles para comprenderlo perfectamente. Por lo tanto, lo más importante es que debe estar calificado para evaluar y analizar una situación, un documento, una recopilación de datos, un plan de lección o una ecuación.

Apertura mental

Los prejuicios deben ser expulsados desde adentro para poder contemplar los problemas de manera creativa. Tener una mentalidad abierta es una parte esencial del proceso creativo, ya que le ayuda a tomar decisiones imparciales y neutrales. Cuando te enfrentas a un problema con una mente neutra, fomentas tu capacidad mental para abordar los problemas de forma creativa, sin barreras ni prejuicios que puedan limitar la esfera creativa.

Autonomía en la resolución de problemas.

Las personas creativas nunca buscan ayuda cuando se enfrentan a una situación compleja. Tienden a explorar diferentes formas de resolver un problema, pero a menudo con total autonomía.

Comunicación

Debe ser articulado y tener sólidas habilidades de comunicación para permitir que las personas consideren y admiren sus ideas y logros creativos. Esto significa que debe tener excelentes habilidades para escribir y hablar. De hecho, una persona creativa encuentra soluciones nuevas y muchas veces imaginativas que requieren una buena capacidad de explicación para ser entendido.

Escuchar

La capacidad de escuchar con paciencia es una característica que permite a los creativos captar un tema antes de intentar encontrar una solución creativa para él. Por lo tanto, las personas con Inteligencia Creativa son naturalmente buenas oyentes. Las personas creativas escuchan con atención porque escuchar es crucial para comprender completamente el tema para el que se buscan respuestas y soluciones originales y únicas para el problema en cuestión.

1.3 Características generales de las personas creativas:

Normalmente se espera que las personas creativas manifiesten los siguientes rasgos:

- Aprecian genuinamente los asuntos relacionados con el intelecto y la cognición.

- Entienden su autonomía e independencia .

- Tienen excelentes habilidades verbales y son extremadamente expresivos.

- La estética alimenta su interés.

- Son los creadores y solucionadores de problemas.

- Los motivan las normas, la cultura, las religiones y los problemas relacionados con cuestiones filosóficas.

- Se aprecian y se elogian a sí mismos.

- Están interesados en varios temas.

- Conectan ideas de una manera poco ortodoxa.

- Se oponen a los procesos de pensamiento convencionales.

- Tienen la extraordinaria capacidad de formar conexiones entre ideas divergentes.

- Tienen una personalidad cautivadora y encantadora.

- Son transparentes, honestos y sinceros en su enfoque.

- Respetan las normas, los valores éticos y no son caprichosos en su enfoque.

- Discutir en detalle las características de las personas con inteligencia creativa.

Capítulo 2: Rasgos y signos de la inteligencia creativa

Sin la creatividad, el mundo habría sido un lugar terrible. Esto se debe a que el arte es la esencia de la vida. La creatividad es el resultado del intelecto mientras que la falacia impide a las personas aventurarse en el campo de la creatividad. Pero otro gran obstáculo es el supuesto de que los creativos nacen así y que por tanto es una habilidad innata. Todas estas nociones falsas te hacen creer que si no eres inteligente o inherentemente innovador, entonces debes dejar de perseguir el intelecto creativo. Este es un movimiento estúpido.

La creatividad facilita abrir nuestras mentes, hacer cosas nuevas y emocionantes y participar de maneras que nos acercan a nuestro máximo potencial. ¿Cuáles son las características de una persona creativa? ¿Es una habilidad dada por Dios o algo que se puede desarrollar al igual que entrenar un músculo?

Algunas personas tienen una personalidad creativa y, aunque algunas tienen una propensión creativa innata natural, sin embargo, estas prácticas creativas pueden adquirirse y aprenderse. Por tanto, cualquier persona puede alcanzar su potencial innovador.

Además, las investigaciones muestran que la inteligencia y la creatividad no están relacionadas cuando uno supera un coeficiente intelectual ligeramente medio. Podrías ser un genio y aún tener poca creatividad manifiesta o tener una inteligencia bastante promedio pero tener un poder creativo increíble.

Con el tiempo, los estudios han demostrado que la creatividad es un comportamiento que se puede aprender y practicar. Se trata de cómo evita las tareas complejas, su inclinación a ver las cosas de diversas maneras, su deseo de llegar al fondo de una situación a través del cuestionamiento y la voluntad de experimentar y aprovechar oportunidades estimulantes. Por lo tanto, la creatividad se define solo por sus acciones y sus deseos.

Sí, aumentar la creatividad es similar a desarrollar un músculo. Si continúa trabajando en sus habilidades creativas, su espíritu creativo se hará más fuerte y refinado con el tiempo. Simplemente "piense" y compórtese como un individuo creativo para mejorar su creatividad. No debería sorprenderle que las personas creativas compartan y disfruten de rasgos idénticos. Al estudiar los rasgos y signos de la inteligencia creativa, descubrirá y aprenderá sobre los rasgos de una persona creativa. Para algunas personas, estas son características muy inusuales pero no son complicados. Mire a todas las personas talentosas que conoce que asumen desafíos y trabajan en proyectos complejos. Es posible que desee considerar a un individuo en particular que sea creativo y a quien admire para comenzar a ver lo que hace y cómo aborda sus desafíos. A medida que empiece a "actuar" como una persona creativa, se encontrará cada vez más creativo. El comienzo es siempre la parte más compleja.

Tienes que empezar a pensar como un individuo creativo para transformarte gradualmente en una persona más innovadora y progresista.

2.1 Las creatividades miran más allá de lo convencional

La corriente principal generalmente carece de nuevas ideas, pero hay que mirar más allá de la corriente principal para analizar y apreciar el valor de las opiniones y creencias contradictorias. Esto le permite ampliar sus opiniones, confrontar las prácticas ortodoxas y por tanto proponer ideas y soluciones innovadoras.

2.2 Conciencia de la maldición del conocimiento

Las personas con inteligencia creativa son curiosas. La curiosidad tiene sus raíces en el aprendizaje. Las personas curiosas tienden a cuestionar, explorar y dar rienda suelta a soluciones únicas y ocultas.

Debe tener tendencia a aplicar formas creativas para encontrar soluciones a problemas antiguos. Tienes que reflejar e imitar las acciones de un niño. Tienes que ver las cosas como un novato sin un conjunto predefinido de creencias que te ayuden a desencadenar nuevos procesos de pensamiento. Un enfoque abierto, en oposición a un enfoque cerrado, fomentaría el pensamiento creativo y la creatividad.

En estos casos, el conocimiento, o más bien la conciencia de saber, puede ser un límite a la propia creatividad, a la propia capacidad de cuestionar lo que se sabe.

Es interesante intentar encontrar nuevas soluciones a un problema que ya se ha resuelto en el pasado. ¿Podría haberlo resuelto de otra manera? ¿De la mejor manera? ¿Más rápido? Este ejercicio no solo te anima a pensar de forma creativa, sino que entrena tu mente para no pensar en lo que ya sabes y para encontrar soluciones alternativas.

El abrazo de las ambigüedades

Los creativos son audaces y no temen la ambigüedad. La ambigüedad actúa como un estímulo para sus habilidades creativas. Cuando se enfrenta a problemas desconocidos y ambiguos, aprende a trabajar bajo estrés, puede predecir el futuro utilizando su intuición y comienza a pensar estratégicamente. La ambigüedad, a menudo rechazada por la gente corriente, actúa como un estímulo más para la búsqueda de soluciones y, por tanto, acelera el espíritu creativo. Así que no se asuste por una situación ambigua, utilícela en su beneficio.

2.3 Conocer gente nueva

A los creativos les encanta salir con extraños que tienen opiniones e información divergente. Esto les permite pensar de una manera distinta y específica para aprender nuevas nociones, ya sean correctas o incorrectas. Por tanto, lo desconocido es fuente de inspiración. Por lo tanto, también les ayuda a clasificar nueva información, adaptarse a nuevos hechos y recopilar nuevos datos, estimulando su potencial creativo para dar lo mejor de sí.

2.4 Tienen un problema de autoridad

Las personas con Inteligencia Creativa no desarrollan una buena relación de trabajo con los responsables. Necesitan libertad porque no se ajustan a los valores y principios establecidos. Por lo tanto, están predispuestos a romper las reglas. También es bueno que los directivos de empresas sean capaz de reconocer la creatividad en las personas para no cometer graves errores de valoración. Las personas altamente creativas son importantes en una empresa, pero su creatividad a menudo las lleva a no ser apreciadas adecuadamente.

2.5 Cómo resolver problemas

A los creativos les encanta abordar problemas desafiantes y encontrarles soluciones. Las personas creativas nunca afirman tener una respuesta a todos los problemas complejos, porque tal afirmación obstaculiza su facultad de pensar. El conocimiento y el descubrimiento de la ignorancia de sí mismos sobre un problema los impulsa a buscar una respuesta a él, lo que, en consecuencia, aumenta su dominio de conocimiento. Nunca pierden la oportunidad de aprender sobre nuevos problemas, ya que esto les ayuda a desarrollar sus habilidades creativas. Las personas creativas no tienen miedo de abordar problemas complejos e intrincados. Les encanta experimentar nuevos problemas y asumir tareas desafiantes.

2.6 Autocrítica

Las personas creativas hacen algo y creen que es maravilloso. Pero cuando lo piensan después de un tiempo, comienzan a cuestionar sus habilidades y niveles de logro. Luego analizan todo el proceso y la solución, la cuestionan y critican sus habilidades para producir una solución que puede ser más sencilla.

Para un pensador creativo siempre hay margen de mejora y, por lo tanto, siempre se cuestiona a sí mismo. Básicamente, después de un tiempo, casi siempre parece descontento con la solución encontrada, incluso si ha tenido éxito.

2.7 Curiosidad extrema

El trabajo creativo se centra en la curiosidad emocional y empuja a las personas creativas a la acción. Les estimula la emoción de explorar ideas exóticas y, desde el principio, se propusieron descubrir nuevos hechos. La emoción, la ansiedad y las tareas laberínticas son estímulos para las personas creativas. Dado que no existen barreras mentales para las nuevas experiencias en las personas creativas, se empapan de felicidad cuando tienen la oportunidad de dejar vagar su imaginación en busca de nuevas ideas.

Dado que sus mentes son fácilmente accesibles a nuevas ideas, siendo muy curiosos, mejoran sus posibilidades de probar algo creativo. En consecuencia, esto les ayuda a revelar el verdadero significado e importancia de su vida.

Una mente estática sin interés es incapaz de desarrollarse. Con su inteligencia creativa y su curiosidad, es probable que hagan más preguntas. Por lo general, desafían las conjeturas y hacen preguntas desafiantes sobre lo que es cierto y está probado.

Cabe señalar que son precisamente estas preguntas sobre lo que ya funciona las que muchas veces les lleva a encontrar mejores soluciones mientras que, una persona sin inteligencia creativa, nunca hubiera intentado cambiar lo que ya funciona.

En la práctica, es como un ingeniero aerodinámico de un equipo de Fórmula 1. Incluso si en el año del campeonato mundial su coche resulta ser el de mayor rendimiento, siempre está buscando soluciones que no solo sean mejoradas sino también revolucionarias para aprovechar mejor los flujos de aire.

2.8 Toman notas

Como siempre están en una montaña rusa de pensamientos, tienen que registrar nuevas ideas para poder consultarlas más tarde. No es humanamente posible registrar demasiadas ideas nuevas en la mente, por lo que los creativos llevan consigo un cuaderno para anotar todas las ideas más extrañas que se les ocurren durante el transcurso del día.

2.9 Detectan la belleza al instante

La creatividad se inspira en la belleza y los objetos bellos. Las personas creativas tienen una tendencia a admirar la naturaleza y constantemente piensan y reflexionan sobre los muchos aspectos asombrosos de la belleza natural que los rodea. Conocen la belleza, la aprecian y la reconocen de inmediato, muchas veces logrando identificar todo el proceso que la definió detrás de un simple objeto.

2.10 Son inmunes al rechazo

El mundo que nos rodea es extremadamente quisquilloso. Es casi imposible ser inmune a las duras críticas y la dura desaprobación. Pero los creativos no se ven obstaculizados en su búsqueda de ideas innovadoras por comentarios despectivos y el rechazo de sus ideas. Si bien es difícil para una persona común entender a un creativo, un creativo comprende las limitaciones del pensamiento ordinario que no está abierto a nuevas ideas. Como resultado, logra ser inmune a las críticas y a los pensamientos e ideas que se oponen a los suyos. A lo sumo, utiliza la crítica como punto de partida para verificar las soluciones de mejora.

2.11 Entienden el poder de su entorno.

La creatividad florece mejor en algunos entornos específicos. Para la mayoría de las personas, la salida creativa está asociada con un entorno y una atmósfera particulares. Las personas creativas pueden llevar su computadora a la playa y sentarse en un banco o ir a un parque para ayudar a la mente a divagar y descubrir nuevas ideas en un ambiente sereno. No pocas veces escuchas las historias de músicos que encuentran inspiración para sus canciones en lugares insólitos o de escritores que se encierran en refugios de montaña, lejos de todos, para sacar el máximo partido a su creatividad.

2.12 El buen gusto

Al igual que ocurre con la belleza, los creativos tienen la capacidad de identificar y comprender los buenos gustos. Sin embargo, de manera similar, creen que todo el mundo carece de esta capacidad y, por lo tanto, se inclinan a pensar negativamente sobre los gustos y tendencias de las personas con respecto a alimentos, pasatiempos, libros, películas, etc.

2.13 Ven películas

Los creadores disfrutan viendo películas porque las enriquecen con muchas ideas y formas de pensar creativamente. Además, la película en sí es el resultado de una creatividad múltiple; director, coreógrafo, escenógrafo y escritor. Los creativos aprecian su propia creatividad y la de los demás.

2.14 Ellos no anhelan el dinero

El dinero es esencial para vivir una vida

cómoda. Sin embargo, las personas creativas no se mueven por la lujuria por el dinero. Son unos apasionados de la creatividad, y eso solo los pone en acción.

2.15 Inestabilidad emocional

La vida es una mezcla de experiencias agradables y desagradables. Las experiencias agradables crean crestas emocionales, mientras que los encuentros desagradables resultan en trasfondos emocionales. La vida es difícil y desafiante, y uno se encuentra con varios altibajos en forma de éxitos y fracasos cuando se viaja por un camino sinuoso. A las personas creativas les encanta enfrentar los desafíos sin considerar los resultados, por lo que, naturalmente, su vida está llena de altibajos emocionales.

2.16 Inspiración

No hay creatividad sin inspiración. Ya sea el lanzamiento de un museo de arte, un espectáculo de teatro o un concierto de música en vivo en un club, encontrará personas creativas en torno a actividades inspiradoras. También los motiva a saber que no son los únicos involucrados en producir y crear algo nuevo. El creativo se alimenta de la creatividad y sabe que puede aprender mucho de otras personas creativas.

2.17 Buen sentido del humor

A los creativos les gusta jugar y participar en actividades divertidas. La diversión y el humor alivian el estrés, la ansiedad y contribuyen al flujo de creatividad. Al aliviar lo cotidiano, se deshacen de la negatividad. Su sentido del humor es excelente y tienen la capacidad de entretener a los demás con comentarios ingeniosos y divertidos. Los plazos, las metas, las situaciones difíciles son parte de la vida, pero solo se puede crear e innovar cuando el cerebro está libre de estrés y ansiedad.

2.18 La evolución continúa

La creatividad es la voluntad y el deseo de

cambiar las creencias y la mentalidad de uno en función de situaciones cambiantes. Esta capacidad aumenta aún más la probabilidad de apoyar el mundo creativo. Los pensadores, filósofos y personas innovadoras a menudo se enfrentan a nuevos problemas. Como resultado, sus mentes siempre están pensando en nuevas formas de responder con éxito nuevas preguntas. Recopilan, analizan y deciden continuamente los problemas en función de la información disponible. Su poder de decisión es rápido y sencillo, ya que no se basan en principios establecidos y tienen en cuenta sus instintos en el proceso. Su enfoque es firme ya que tienen que adaptarse debido a sus instintos creativos. A menudo se les malinterpreta por no ceñirse a un conjunto de principios que la mayoría de la gente reconoce como válidos. Sin embargo, esto les ayuda a evolucionar continuamente, lo que fortalece aún más su potencial creativo.

2.19 No le gustan los estereotipos

Tienen una total aversión por las tareas mundanas y desaprueban firmemente los estereotipos. No creen en categorizar a las personas en función de su género.

2.20 Sed de información e inquietud

La sed de información de las personas creativas nunca cede. Siempre aceptarán y absorberán la información que se les presente. Asimismo, nunca dejan de recopilar información sobre asuntos extraños. Ésta es la verdadera razón de la inquietud de los creativos. La monotonía y las tareas rutinarias los molestan porque disfrutan lidiar con situaciones nuevas y desafiantes. Se les conoce como personas hiperactivas y se aburren rápidamente. Su naturaleza hiperactiva se debe a su apertura a problemas abrumadores. No se desempeñan y dan resultados extraordinarios en situaciones que requieren el compromiso de actividades estereotipadas. Su felicidad proviene de incursionar en tareas complejas y difíciles, ya que su éxito es fuente de orgullo, inspiración y felicidad para ellos. Las personas con historias de éxito creativas tienden a aceptar nuevos problemas como novatos, independientemente de su experiencia pasada y sus esfuerzos. Nunca pretenden ser conscientes de ningún problema, porque eso les bloqueará el camino a la adquisición de conocimientos. Hacen demasiadas preguntas por curiosidad como para profundizar en una pregunta desafiante.

2.21 No ceden a la presión

Las personas creativas no ceden a presiones, declaraciones negativas, actitudes desmoralizadoras y degradantes. Persiguen incansablemente el logro de sus objetivos para generar y crear nuevas ideas. Nada puede destruir su resolución y distraerlos de su enfoque.

2.22 Son valientes y arriesgados

Las personas creativas tienen el coraje de abordar problemas complejos incluso con el riesgo real de fracasar. Las invenciones y creaciones son el resultado de ideas irracionales. Están comprometidos y dedicados a probar problemas que nunca han sido cuestionados por nadie. Su toma de riesgos, la mayoría de las veces, se amortiza en forma de recompensas.

Les encanta correr riesgos. De hecho, a menudo están muy ansiosos y emocionados de emprender un proyecto con alto potencial de riesgo, en lugar de abordar tareas rutinarias que consideran mundanas. Los entornos peligrosos los obligan a desafiarse a sí mismos para buscar múltiples soluciones.

Las personas con Inteligencia Creativa asumen el riesgo y no se ponen nerviosas por actividades desalentadoras y exigentes. Son valientes y no se dejan confundir por problemas, tareas o nuevos dilemas. Saben que tomar riesgos aumenta sus habilidades creativas y los fracasos no son motivo de desánimo para ellos. En el proceso, aprenden de sus errores, tratan de dar forma a su estilo de pensamiento y hacen intentos exitosos de explorar ideas creativas.

Ellos, a diferencia de la mayoría de las personas que acusan timidez y miedo ante problemas nuevos y abrumadores, abordan cada nuevo problema con audacia y decisión. Son personas con gran confianza en sí mismas y en su propia determinación. Tienen una gran confianza en sí mismos en sus habilidades y no son reacios a probar nuevas ideas.

2.23 Piensan fuera de la caja

Los creativos se pasan la vida creando cosas nuevas. No son meros observadores. No creen en cosechar los frutos de las ideas, sacrificios y misiones de otros. Las personas con Inteligencia Creativa nunca descansan y seguirán creando hasta lograr sus objetivos. Son famosos por llegar a llevar a cabo un proyecto específico. Las personas creativas utilizan todo su potencial mental para lograr los resultados deseados. Si bien a la mayoría de las personas, que carecen de potencial creativo, les encanta realizar actividades manejables, los creativos prosperan en escenarios centrados en el estrés.

2.24 Intuición de uso

Utilizan la intuición y la lógica para tomar decisiones y producir ideas. Matt Drudge es famoso por ceñirse a su intuición en lugar de seguir los consejos de los especialistas en Internet al diseñar su sitio web. Su éxito se atribuye al enfoque simplista y rápido que utilizó para diseñar lo que ahora es uno de los sitios web más populares y vistos del mundo.

2,25 Extremadamente expresivo

Las personas creativas suelen ser extremadamente expresivas y tienen un muy buen dominio de las habilidades verbales. No son reacios a compartir sus ideas y pensamientos y están dispuestos a compartir lo que sienten y piensan, para ser ellos mismos. Las personas tienden a dar mejores respuestas a las personas que son transparentes, sinceras, honestas y directas en sus puntos de vista y acciones. Podemos decir que las personas con Inteligencia Creativa tienen la capacidad de persuadir a las personas de manera efectiva.

2.26 Puede liberar información oculta.

Puedo identificar simetría y orden en

asuntos complejos e intrincados. Dependen de la investigación y sus habilidades críticas para explorar y encontrar información oculta. El cerebro obtiene su energía de la información, al igual que los seres vivos la extraen del sol. La fatiga mental y física resultante de la falta de información obstaculiza el proceso de pensamiento creativo de las personas creativas.

2.27 La tarea los motiva

Están motivados por una tarea más que por recompensas externas. Las tareas desafiantes, como escribir sobre un tema nuevo, enseñar a un grupo de personas que no responden o persuadir a personas dogmáticas, las entusiasman. El dinero no es un factor de motivación para las personas creativas. Se embarcan en un intento de probar lo desconocido para saciar su sed creativa.

2.28 Pueden conectar lo viejo con lo nuevo

Pueden crear vínculos entre viejas ideas para producir nuevos conocimientos. A menudo es posible crear una nueva idea fusionando dos viejas ideas.

2.29 Son enérgicos y enfocados

Las personas creativas tienen mucha energía física y mental. No se desgastan incluso después de pasar horas en un proyecto interesante. Siempre permanecen cargados. Nunca pierden la concentración porque nunca se cansan. Son como personas normales. Sin embargo, es su curiosidad y su deseo de experimentar y crear nuevas ideas que siguen pensando en diseños cautivadores para producir algo nuevo.

2.30 Son inteligentes

Las personas creativas son inteligentes en sus pensamientos y acciones. Sin embargo, los estudios muestran que un nivel de CI más alto no contribuye a aumentar los niveles de Inteligencia Creativa. Los rasgos de personalidad, combinados con un alto nivel de coeficiente intelectual, juegan un papel importante en la mejora del potencial creativo de las personas.

Es completamente infundado que las personas con un coeficiente intelectual muy alto tengan excelentes habilidades creativas. Los estudios sugieren que las personas con un coeficiente intelectual ligeramente superior al promedio pueden exhibir un pensamiento y habilidades más creativas que las personas con un coeficiente intelectual superior a 120. La creatividad es producto del intelecto y el infantilismo.

2.31 Las personas creativas son disciplinadas y juguetonas.

Una de las características que distingue a las personas creativas es su enfoque divertido. Sin embargo, su perseverancia y compromiso no se ven comprometidos por su actitud juguetona.

Cuando participan en una actividad, se mantienen firmes. Pueden trabajar durante horas y no les preocupan las extenuantes exigencias de un trabajo exigente. Por lo general, los artistas y los científicos describen este tipo de rasgos.

Una persona creativa es consciente de que la creatividad no es posible sin combinar diversión y trabajo duro.

2.32 Son soñadores

Los individuos creativos tienden a soñar despiertos y visualizar las perspectivas y misterios del mundo. Pueden sumergirse en el mundo imaginario, sin dejar de ser conscientes de la realidad. En su mayoría se caracterizan por ser soñadores, pero eso no significa que vivan en un mundo lleno de fantasías. A las personas creativas se les ocurren respuestas creativas a los desafíos del mundo real. Los físicos, cantantes, escritores, actores e incluso jugadores son personas que crean y fascinan a las personas con su creatividad. Los niños, junto con los adultos, que pasan tiempo soñando despiertos, son las personas más famosas y exitosas del mundo.

Al soñar despierto, las personas creativas se vuelven más creativas y se vuelven más orientadas al futuro mientras viven en el presente. Les anima a visualizar el futuro junto con sus posibles formas.

Debido a que están intrínsecamente dotados de sabiduría, según lo que consideren los deseos del consumidor, pueden imaginarse transformando el mundo. Las personas muy imaginativas sueñan en grande, se esfuerzan mucho y están listas para ser percibidas como excéntricas o locas. Son estas personas las que pueden considerarse los maravillosos innovadores del mundo.

2.33 Son extrovertidos e introvertidos.

La creatividad surge cuando los dos tipos de personalidad se combinan. Las personas creativas son tanto extrovertidas como introvertidas. Los estudios indican que las personas pueden mostrar más extroversión que introversión, pero estos rasgos no son cuestionables. Las personas creativas tienden a exhibir características tanto de introversión como de extroversión al mismo tiempo.

Son agradables y sociables y, al mismo tiempo, reticentes y silenciosos. Cuando conocen e interactúan con gente nueva, les resulta fácil pensar en nuevas ideas. Asimismo, una visita a un lugar tranquilo le permite promover aún más el potencial creativo y las habilidades de estas personas.

2.34 Orgullo y modestia

Las personas con Inteligencia Creativa están naturalmente orgullosas de sus experiencias y éxitos. Sin embargo, no dejan de mostrar respeto por sus compañeros o por las personas que están haciendo un trabajo notable en campos similares. Consideran a estas personas con gran estima y muestran aprecio por su trabajo tanto por la maravilla del contenido creativo como por su propio aprendizaje de las nuevas experiencias laborales de otras personas creativas. Si bien pueden encontrar su propio trabajo superior y mejor que el de otras personas creativas, esto no se convierte en un obstáculo para reconocer la bondad de los trabajos de otras personas. Las personas creativas están, en la mayoría de los casos, tan absortas en sus nuevas ideas o tareas que no se quedan estancadas en sus logros pasados. No pierden tiempo en criticar a los demás, los observan captando lo útil y continúan marchando hacia adelante sin mirar atrás.

2.35 Los roles específicos de género no tienen impacto en las personas creativas

Los individuos creativos suelen enfrentarse a roles específicos de género a menudo impuestos por la sociedad. Se resisten a esos movimientos y acciones que tienen como objetivo definir sus actividades y roles específicos. Es probable que las niñas y mujeres creativas exhiban una actitud más autoritaria que las niñas normales. Por el contrario, los hombres y niños creativos representan niveles de agresión mucho más bajos que otros hombres comunes. Sin embargo, son relativamente más sensibles. Las personas creativas, además de sus fortalezas de género particulares, también tienen fortalezas de otro género.

2.36 Son conservadores y rebeldes

Las personas creativas se definen generalmente como pensadores "fuera de la caja". Son inconformistas y piensan y actúan despreciando las reglas y principios establecidos. Tienen un tinte de rebelión en su naturaleza. Sin embargo, la creatividad no puede ocurrir sin aceptar tradiciones, normas y valores.

La creatividad proviene de la amalgama de rasgos convencionales, es la capacidad de reconocer y apreciar las creencias y principios del pasado, continuar explorando y descubriendo nuevos métodos de trabajo sin detenerse. Las personas creativas aprecian el valor de asumir riesgos, pero al mismo tiempo adoptan las formas convencionales de trabajo.

2.37 Son apasionados pero objetivos en su enfoque.

Las personas con Inteligencia Creativa no solo aman su trabajo, sino que aman profunda y sinceramente aquello en lo que están involucradas. Pero estar emocionado por algo no conduce a resultados sorprendentes. Imagine a un escritor tan orgulloso de su trabajo que le resulta difícil cambiar ni siquiera una línea. Imagínese una cantante que se niega a escuchar su canción y a reconocer los problemas de las partes que deberían revisarse.

Las personas creativas aman su trabajo, pero al mismo tiempo son objetivas y capaces de criticarlo (y modificarlo). Tienen esta capacidad para desprenderse de su idea o producto para poder identificar las lagunas y corregirlas de forma eficaz. Esto les permite realizar más mejoras.

2.38 Son tolerantes

Las personas creativas muestran franqueza y son inherentemente sensibles. Estas características también pueden conllevar beneficios y riesgos. La creatividad es un proceso en el que las personas creativas se vuelven vulnerables al riesgo, la crítica e incluso el fracaso porque utilizan medios poco convencionales y estereotipados. Es muy angustioso para las personas creativas ver el desprecio por su trabajo. También tienen que tolerar los comentarios satíricos de la gente. Tanto es así que tienen que afrontar y vivir con el rechazo a su trabajo. Sin embargo, nada puede igualar la satisfacción que obtienen los creativos con su trabajo y esfuerzos creativos.

2.39 Son introspectivos

Una evaluación y un análisis críticos de los propios rasgos abren el camino a la creatividad. El famoso escritor Charles Dickens solía caminar solo durante largas horas para pensar y contemplar nuevos entornos y nuevas situaciones. Usó esta táctica para examinar críticamente su trabajo y enmarcar nuevas ideas. La introspección y la curiosidad le permitieron transformarse en un escritor fabuloso. Esta actividad única le permitió reunir ideas para su trabajo. En pocas palabras, las personas creativas tienen una comprensión maravillosa de sus rasgos y acciones. Esta autoconciencia aumenta aún más su potencial creativo.

2.40 Les encanta estar solos

Las personas creativas se preocupan por la soledad, porque les da la libertad de pensar en nuevas ideas y conceptos de una manera específica. Además, el alma se carga en una atmósfera solitaria. Le da al creativo la oportunidad de disfrutar de la lectura, el pensamiento, la pintura y otras obras de disfrute personal. Thomas Edison transformó el mundo al pasar el máximo de tiempo solo en un ambiente sereno.

2.41 Sus pensamientos y acciones no coinciden

Al ser inconstantes en su enfoque, no se apegan a una sola idea o pensamiento. Notará que pasan de un pensamiento a otro solo para crear un nuevo proyecto o encontrar una solución a un nuevo problema. Una persona creativa, de hecho, es una sola persona que representa múltiples rasgos de personalidad. Tiene excelentes habilidades creativas, que se alimentan de esta asombrosa cualidad para ver las cosas desde múltiples puntos de vista.

2.42 Su aprendizaje es lateral al vertical.

Se les llama más comúnmente "un mil usos". Estudian mucho para aprender sobre varios temas. Esto se suma a sus conocimientos en varios campos. Las personas creativas no se limitan a un solo tema. Más bien, adquieren un conocimiento profundo sobre diversos temas y luego continúan ampliando y mejorando su base de conocimientos.

2.43 Odian sacar conclusiones precipitadas

Las personas creativas e ingeniosas evalúan y analizan las opciones antes de decidir el curso de acción futuro. Está en contra de su naturaleza sacar conclusiones precipitadas y tomar decisiones arbitrarias. Solo presentan sus ideas después de sopesar las opciones.

2.44 El fracaso es fuente de motivación

Los fracasos no desaniman a los creativos. Más bien, aprenden de sus errores y utilizan sus fracasos como una oportunidad para producir un trabajo mejor y nuevo. Identifican sus debilidades y descuidos y hacen todo lo posible por no repetirlos en sus futuras asignaciones creativas. Los errores incitan a su naturaleza inquisitiva y cavan para encontrar las causas y la razón detrás de esos errores. Nunca cierran sus cerebros y su apertura los guía para encontrar la mejor solución para nuevos problemas.

2.45 Les gusta ser diferente

Tienen esta propensión a vestirse, actuar, comportarse y, por lo tanto, tener un aspecto general diferente al de otras personas. Son únicos y quieren ser identificados como diferentes y únicos. Mark Zuckerberg es conocido por llevar una camiseta típica. En comparación, Steve Jobs siempre usaba un jersey de cuello alto. Estas y otras personas creativas creen que, en lugar de gastar su tiempo y energía en elegir el mejor y más atractivo vestido, deben concentrarse y enfocar su potencial mental en hacer crecer sus negocios y proyectos. Quieren servir a la comunidad. No les perturba la visión que el público tiene de su personalidad, ya que tienen una mente clara con metas y objetivos bien definidos.

2.46 Son agresivos con el enfoque burocrático

Las personas con inteligencia creativa no pueden construir una relación de trabajo equilibrada con los responsables y, por tanto, con todo lo que es burocracia. Según ellos, las personas burocráticas crean barreras en su trabajo creativo y entorpecen su creatividad. Las personas creativas creen firmemente que los burócratas formulan políticas y procedimientos para limitar su libertad de expresión en diversos temas.

2.47 Hacen caso omiso de las reglas

Los creativos siguen el principio de oposición, ya que trabajan en total contraste con los conceptos y creencias del público en general. Rara vez están de acuerdo con las creencias y principios ortodoxos de la gente. Un estado de acuerdo, según ellos, es devastador para su proceso creativo. Si bien este enfoque disidente no les ayuda a obtener ningún beneficio de la comunidad en general, es propicio para sus esfuerzos creativos. Su único objetivo es lograr un cambio positivo y saludable en el sistema actual en beneficio de la gente. Desafían las reglas, van en contra de las políticas, enfrentan críticas, apoyan las dificultades, pero muestran implacabilidad y determinación para lograr sus objetivos.

2.48 Trabajan independientemente

Los creativos tienen una relación emocional con su existencia inherente y sus objetivos que, en última instancia, conducen a la autonomía. No evitan problemas o dificultades complejos porque ven los desafíos como un elemento importante de su éxito. Lo que evitan son tareas simples y rutinarias, actividades libres de emociones, proyectos que no ponen a prueba sus habilidades creativas y problemas que pueden ser resueltos incluso por personas comunes. Las personas creativas no necesitan ayuda, ya que les encanta abordar cualquier problema en función de sus habilidades creativas únicas.

2.49 Excentricidad

Los creadores creativos son poco convencionales y aberrantes en sus pensamientos y acciones. Se les considera pertenecientes al grupo exclusivo de personas cuyos pensamientos y acciones son insondables. Son adictos al trabajo y no respetan los procedimientos y las reglas con respecto a las horas de trabajo. Son excéntricos y sus ideas le parecen extrañas a la gente corriente. La inquietud, los pensamientos extraños, las decisiones impulsivas y las ideas aparentemente extrañas de las personas creativas llevan a la creación de su imagen pública como excéntrica.

2.50 Extrañas características de las personas creativas.

Las ideas de las personas creativas son fabulosas, tienen la capacidad de resolver problemas y problemas de larga data. Esto hace que todos busquen la creatividad. En contraste con el amor y el aprecio que los creativos sienten por ellos, no pueden asegurarse exactamente los mismos sentimientos del público. Rara vez son amados y apreciados como seres humanos. La investigación llevada a cabo en una gran audiencia de personas comunes ha demostrado que generalmente son subestimados, que carecen de rasgos amables y adorables. Su excentricidad es la característica que más molesta al gran público. Pero este es el rasgo en cuya ausencia no puede haber creatividad, pero al mismo tiempo, es enloquecedor para las personas que interactúan con estos genios creativos.

Son sarcásticos

El sarcasmo es uno de los factores importantes que contribuyen al pensamiento creativo y la generación de ideas innovadoras. La investigación científica da testimonio de la correlación entre el intelecto creativo y la realización de tareas y proyectos.

Se distraen con facilidad

Las investigaciones muestran que las personas con trastorno por déficit de atención e hiperactividad (TDAH) no prestan atención y distraen. También son muy impulsivos. Aunque el TDAH es una condición mental que necesita ser tratada; sin embargo, además de sus connotaciones negativas, ayuda a desencadenar el pensamiento creativo.

Se quejan

Las empresas necesitan talentos creativos que puedan transformar sus sistemas organizativos en sistemas eficientes. Para alcanzar un nivel de vanguardia en el mundo empresarial altamente competitivo, es esencial que las empresas continúen produciendo e introduciendo productos e ideas innovadores. Pero la realidad subyacente es que los creativos rara vez reciben apoyo de sus jefes para desarrollar un entorno propicio para la creatividad. Esto se debe en parte a que los creativos son gruñones, irritables y de mal humor. Las personas con inteligencia creativa son inconformistas y les encanta trabajar en un entorno libre de reglas y políticas. Las empresas no pueden permitir esto porque daría lugar a actividades desorganizadas y descontroladas en el lugar de trabajo.

Capítulo 3: Formas y métodos para desarrollar la inteligencia y las habilidades creativas

La creatividad no se trata solo de actores, cantantes, escritores o músicos. Las personas de diferentes orígenes pueden cultivar sus habilidades creativas y capitalizarlas para lograr el éxito. Las personas que están ávidas de adquirir conocimientos y no tienen miedo de aceptar nuevos problemas y cuestiones, encontrarán las habilidades creativas extremadamente útiles para su crecimiento profesional. El talento creativo se puede clasificar sobre la base de las habilidades adquiridas y la voluntad de trabajar duro y mostrar pasión por el manejo de problemas complejos. Como resultado, hay personas que muestran más creatividad y producen más trabajo creativo que otras en base a los factores mencionados anteriormente. A continuación, vemos algunos consejos útiles si desea aumentar su creatividad.

3.1 Dedícate a la creatividad

Si realmente te apasiona la creatividad, lo primero que debes hacer es concentrar tus energías en cultivar tu intelecto creativo. Una vez que haya tomado la decisión, no mire atrás y siga esforzándose hasta que alcance sus objetivos de adquirir habilidades y capacidades creativas.

3.2 Intenta convertirte en un experto

Si te encanta leer y te encanta explorar tanto lo conocido como lo desconocido, entonces tienes el potencial de transformarte en un ser creativo. Cuando te dedicas a adquirir conocimientos y hechos, desarrollas una comprensión profunda de los mismos con una comprensión completa de todos sus aspectos. Esto te permite convertirte en un buen escritor, producir buena música, afrontar tareas con confianza e incluso realizar bien cualquier actividad deportiva.

3.3 Recompensa la curiosidad

Existe una falacia común de que la curiosidad o el enfoque curioso obstaculizan el pensamiento creativo. Si bien la gente común puede ver esto como una estafa, debido a la falta de esta característica en particular, sigue siendo el sello distintivo de la creatividad. La curiosidad, las preguntas y la exploración de problemas se suman al repertorio de conocimientos. Deberías estar agradecido con Dios por recompensarte con esta cualidad. Por el contrario, si te encuentras sin esta cualidad, intenta practicar tanto como puedas para adquirir esta habilidad que tanto necesitas. No tienes que tener miedo de explorar lo desconocido.

3.4 Toma riesgos

Debería poder tomar riesgos para promover sus habilidades cuando se trata de desarrollar sus habilidades. Si bien es posible que sus esfuerzos no siempre conduzcan al éxito, continuará mejorando sus talentos y habilidades creativas, lo que lo beneficiará en el futuro.

3.5 Construye tu confianza

El fracaso es el resultado de la timidez y el miedo. Cuando no tiene confianza en sí mismo y en sus habilidades, nunca podrá probar y probar nuevas ideas. La inseguridad es un obstáculo en el pensamiento creativo. Además de reprimir su potencial creativo, la falta de confianza en sí mismo le impide emprender iniciativas nuevas y complejas y promover nuevas ideas. Tienes que trabajar duro para desarrollar tu confianza y estar dispuesto a asumir nuevas tareas. No tienes que tener miedo de nada por miedo al fracaso. Los fracasos también ayudan a fomentar la creatividad a medida que aprende de sus errores y se vuelve más creativo en el proceso.

3.6 Dedica tiempo a la creatividad

No podrás desarrollar tu talento creativo si no encuentras el tiempo para hacerlo.

Programe algo de tiempo cada semana para concentrarse en algún tipo de proyecto creativo.

3.7 Superar las actitudes negativas

Concéntrese en evitar ideas negativas o autocríticas, que pueden afectar su capacidad para desarrollar habilidades positivas y creativas.

3.8 Sobrellevar el miedo al fracaso

Puede evitar el progreso porque tiene miedo de cometer un error o no lograr los resultados deseados. Siempre que se sienta así, recuerde que los errores son solo una parte del proceso de aprendizaje. Finalmente alcanzará sus metas, incluso si puede encontrar fallas triviales en el camino hacia el éxito final.

3.9 Busque nuevas ideas

Siempre es necesario desarrollar nuevas

condiciones y métodos para mejorar sus habilidades y destrezas creativas. No sea crítico con sus ideas desde el principio; simplemente escriba las ideas y luego pésalas para evaluar su efectividad. Su único objetivo debe ser pensar en tantas ideas como sea posible en un tiempo limitado. La lluvia de ideas es una técnica muy interesante y que veremos más adelante.

3.10 Intenta descubrir múltiples soluciones

Lo más importante para usted es tratar de tener una multitud de opciones cuando se enfrenta a un problema nuevo. No tiene que descartar ninguna opción o solución al principio. Evalúe todos los pros y los contras antes de tomar una decisión. Esto le ayudará a mejorar sus habilidades creativas para resolver problemas complejos.

3.11 Lleva un diario de creatividad

Al llevar un diario, podrá registrar sus ideas, registrar la cadena de actividades de pensamiento creativo y, en última instancia, llevar un registro de la idea en sí. Esto le da la oportunidad de volver sobre las actividades pasadas involucradas en la creación de una idea o proyecto en particular.

3.12 Utilice diagramas de flujo

Un mapa mental es una excelente manera de mezclar pensamientos y buscar soluciones creativas. Construya un mapa cognitivo escribiendo una pregunta o expresión central. Luego intégrelo con conceptos o principios relevantes para la palabra central. Si bien este enfoque es similar a la lluvia de ideas, le permite clasificar ideas y proporciona una interfaz muy legible para examinar la correlación entre ideas.

Por ejemplo, cuando comienza a diseñar una nueva campaña publicitaria, es útil desarrollar un diagrama de flujo para documentar la presentación de su campaña de principio a fin. Puede predecir el producto terminado, resolver cualquier problema y desarrollar soluciones innovadoras utilizando un diagrama de flujo.

3.13 Pon a prueba tus habilidades y crea oportunidades

Una vez que haya desarrollado algunas habilidades creativas básicas, no debe detenerse y esforzarse continuamente para mejorar sus habilidades. Encuentre métodos innovadores, pruebe cosas diferentes y, lo más importante, omita las soluciones que se han utilizado en el pasado.

Genere sus propias oportunidades creativas. También tendrás que ponerte a prueba en el proceso. Esto podría incluir emprender una nueva empresa o explorar diferentes herramientas para sus proyectos importantes.

3.14 Buscar inspiración

La creatividad nunca sucederá automáticamente, es decir, sin trabajo duro y análisis. Deberá descubrir nuevas vías de inspiración y foros que le proporcionarán nuevas ideas y lo inspirarán a abordar preguntas de una manera única. Para lograr esto, puede ir a un museo, sentarse en una biblioteca y leer libros sobre temas relevantes y esenciales para el proyecto existente, o conocer gente nueva con conocimientos útiles y relevantes. Puede utilizar cualquier técnica plausible y práctica que pueda ayudarlo a lograr sus objetivos.

3.15 Prueba la técnica de la bola de nieve

Debe ser consciente del hecho asombroso de que una nueva idea siempre conduce a otra nueva idea. Puede utilizar una "estrategia de bola de nieve" para crear nuevas ideas para proyectos actuales o problemas complejos. Puede resultar una estrategia muy eficaz y exitosa para lograr sus objetivos creativos. Como una bola de nieve arrojada por una pendiente tiende a agrandarse después de cada tirada, una idea tiende a traer una nueva idea después de cada análisis.

3.16 Absorba el máximo contenido saliendo de su zona de confort

Si bien la lectura es esencial para mejorar las habilidades creativas, la lectura por sí sola no le ayudará en el pensamiento creativo. Es necesario complementarlo y fortalecerlo absorbiendo el máximo del material escrito sobre el que lee. La lectura aumenta su conocimiento, pero una lectura completa es tanto estimulante como motivadora. Incluso leyendo temas que no son relevantes para su proyecto, puede tropezar con información e ideas nuevas que aún pueden ser útiles para su proyecto actual. También debe interactuar con otras personas para conocer sus opiniones sobre diferentes temas. Todo esto estimularía su creatividad y sus habilidades creativas.

3.17 Escribe un artículo sin un tema predefinido

Esta es una estrategia emocionante y efectiva que puede permitirle concentrarse o crear pensamientos fantásticos. No es necesario elegir un tema. Puede comenzar escribiendo en una hoja de papel normal. Simplemente escriba lo que le venga a la mente. Este es un ejercicio que estimula la creatividad.

3.18 También puedes disfrutar escuchando la historia de un amigo.

Puede ser una experiencia esclarecedora y enriquecedora escuchar a alguien que es totalmente nuevo para ti. De esta manera, es posible que sepa cosas que antes desconocía. Quizás esto podría ofrecerle una nueva forma de pensar.

3.19 Comer diferente

Los estudios investigan cómo la comida afecta nuestro pensamiento. Debe comenzar a consumir alimentos nutritivos porque estimulan su pensamiento creativo. Aquellos que no siguen una dieta saludable difícilmente pueden ofrecer los estímulos adecuados a la mente. Mente sana en un cuerpo sano.

3.20 Lluvia de ideas

Es necesario organizar una sesión de lluvia de ideas con un grupo de personas que tengan esta capacidad de dejar que su mente divague en busca de nuevas ideas. Debes aceptar todas las ideas, por extrañas que parezcan. No descarte ningún pensamiento por ningún motivo. Coge una hoja de papel y empieza a anotar todas las ideas que se te propongan. No tiene que tener en cuenta ninguna observación negativa durante el proceso. Tampoco es necesario que preste atención a sus propios prejuicios personales o información previa sobre las ideas que se han presentado. Si bien todas las ideas pueden no ser lógicas, seguramente encontrará una o dos de las más emocionantes y prácticas. Esta es una buena estrategia para descubrir nuevas ideas.

3.21 Tu cerebro puede hacer un excelente trabajo creativo cuando estás cansado

A diferencia de la resolución de un problema que requiere pensamiento analítico, las ideas innovadoras surgen más cuando uno está cansado, lo que permite que la mente explore campos aparentemente no relacionados. Si desea alcanzar un alto nivel de habilidades para la resolución de problemas y la capacidad de concentrarse en cosas específicas en ciertos momentos del día, encontrará que el pensamiento innovador a menudo funciona mejor en condiciones que no son las ideales. Como persona creativa, te sorprenderá saber que la noche, cuando estás completamente exhausto, es el mejor momento para el pensamiento creativo. Se debe a que a un cerebro cansado le resulta difícil procesar las distracciones y concentrarse en un solo tema.

3.22 El ejercicio puede mejorar tu creatividad

Existe mucha evidencia que respalda los beneficios para la salud del ejercicio para mejorar nuestra salud física y mental. Al mismo tiempo, los estudios han demostrado que nuestra capacidad para pensar de forma creativa se puede mejorar con el ejercicio. Las investigaciones indican que, en términos de razonamiento divergente, las personas que hacen ejercicio superan en número a otras o encuentran más soluciones potenciales a un problema desafiante.

3.23 Los niveles de ruido ambiental son los mejores para la creatividad

A diferencia del silencio o la música a todo volumen, se descubrió que la música de fondo es muy eficaz para estimular el proceso creativo. De hecho, el silencio nos ayuda a concentrarnos más y pensar con determinación. Por el contrario, el pensamiento innovador necesita música de fondo suave que se pueda encontrar, por ejemplo, en la naturaleza para inspirar el pensamiento creativo.

3.24 Los viajes al extranjero están vinculados a la promoción del pensamiento creativo

Según un estudio realizado con estudiantes viajeros, se encontró que los estudiantes que viajan a menudo al extranjero tienen un potencial creativo e intelecto mucho mayor que los estudiantes que no viajan en absoluto.

Normas culturales, hábitos alimentarios, estilos y hábitos de entretenimiento, etc. se suman al conocimiento de las personas y, por tanto, a las capacidades creativas.

3.25 La luz tenue estimula la creatividad

Los estudios han demostrado que la poca luz puede mejorar la creatividad. Se han realizado seis estudios separados sobre el tema y todos han demostrado que la luz tenue mejora la creatividad y las habilidades creativas. La oscuridad ofrece la percepción de estar libre de límites y estimula un estilo de procesamiento temerario y exploratorio.

3.26 El azul y el verde tienen un impacto positivo en las tareas creativas.

El color verde tiende a mejorar sus habilidades artísticas. Otro estudio muestra que cuando vemos el color azul o rojo, en realidad pueden afectar nuestra producción cognitiva de varias maneras. El rojo nos permite concentrarnos en tareas detalladas, mientras que el azul aumenta las habilidades imaginativas. Entonces, cuando se embarque en un nuevo proyecto, puede intentar cambiar los colores de su entorno para ayudar a aumentar sus habilidades creativas.

3.27 Las restricciones ayudan a realizar el trabajo creativo

Existe una idea errónea generalizada de que la libertad conduce a ideas más creativas. Por el contrario, los estudios muestran que los impedimentos y obstáculos en realidad pueden aumentar nuestras habilidades creativas.

3.28 Un escritorio desordenado puede estimular tu creatividad

La investigación sugiere que un entorno desordenado conduce a un pensamiento más creativo. Diversos estudios confirman el concepto de que un escritorio desordenado es una característica de las personas creativas que, en lugar de encontrar orden en asuntos triviales, están más absortos en la búsqueda de una solución ordenada a problemas complejos.

Capítulo 4: Beneficios e importancia de la inteligencia creativa

La inteligencia creativa tiene la capacidad de fomentar la habilidad de resolución de problemas. También ayuda en el desarrollo del intelecto creativo. Primero hablaremos de los beneficios de la creatividad en el lugar de trabajo.

4.1 Beneficios de la creatividad en el lugar de trabajo

La creatividad juega un papel importante en el crecimiento y la consecución de objetivos en las empresas. Los estudios indican que, independientemente de la naturaleza del negocio de la empresa, incorporar la creatividad en el lugar de trabajo puede hacer maravillas para la empresa en su búsqueda de crecimiento, proyección de imagen e introducción de nuevas ideas y productos. Podemos citar una gran cantidad de beneficios de emplear personas creativas en el lugar de trabajo de las empresas.

La creatividad alivia el estrés

Empresas, gente común, partidos políticos, particulares, clubes deportivos, etc. han comenzado a introducir la creatividad en sus actividades y vidas estresantes y exigentes debido a los magníficos efectos calmantes de la creatividad. Esta revelación allanó el camino para la introducción de nuevas técnicas de consultoría y estructuras de entretenimiento. Puede resultar molesto dedicar tiempo a una actividad artística estimulante en el lugar de trabajo por exigencias laborales; aunque, el desarrollo de áreas de juego, gimnasios y la provisión de otras actividades de entretenimiento pueden ayudar a los empleados a tener tiempo libre y sin estrés. Las empresas también han comenzado a crear áreas de lectura para ayudar a los empleados a mejorar sus conocimientos y mitigar la ansiedad laboral. Las investigaciones han demostrado que estas actividades intensifican la producción de cortisol, una hormona que alivia el estrés.

La creatividad apoya la innovación y mejora la productividad

El sector empresarial y la sociedad son quizás más conscientes del significado y la importancia de la creatividad y del papel que desempeña en la mejora de las habilidades y habilidades creativas. Crean un ambiente lúdico y divertido para sus empleados solo para lograr el objetivo antes mencionado. Las empresas saben que la creatividad solo puede fomentarse permitiendo que sus empleados interactúen entre sí en un entorno cómodo. Las tareas estereotipadas dañan la eficiencia, y la combinación de actividades diarias con tareas inspiradoras puede realmente desencadenar "excitación" en los empleados. Cuando el cerebro funciona de manera diferente, se agregan otros hábitos cognitivos y así aumenta la eficiencia.

La creatividad fomenta la resolución de problemas

La lógica se maneja desde el lado izquierdo del cerebro, mientras que la creatividad se maneja desde el lado derecho. Si una persona nunca se inicia en la creatividad, significa que ni siquiera la mitad del cerebro se ha capitalizado de manera eficiente. Cuando una persona pone todo su cerebro al servicio de sus objetivos, se convierte en una persona con excelentes habilidades para resolver problemas.

Mejor trabajo en equipo y mejores vínculos

Muchas oficinas desarrollan un negocio de vinculación de equipos para su personal. Esto se debe a que es la forma más útil y eficaz de ayudar a los miembros del equipo a trabajar juntos. La mayoría de los métodos de creatividad no son competitivos, por lo que reduce la probabilidad de competencia en el lugar de trabajo y ayuda a mejorar el desempeño del equipo.

Aumenta la moral del personal

La felicidad, la satisfacción o un ambiente de trabajo relajado de los empleados no son los únicos factores que pueden ayudar a aumentar las habilidades creativas de los empleados y fomentar un ambiente de trabajo creativo. Lo que las empresas deben hacer y deben invertir es en garantizar un entorno propicio para la creatividad y lleno de libertad. También necesitan apoyar y motivar la generación de ideas creativas. Así las empresas podrán beneficiarse de los frutos de la creatividad en forma de crecimiento y mejora de la imagen en el mundo competitivo.

La creatividad ayuda a encontrar el éxito en el fracaso.

Este es uno de los famosos beneficios de la creatividad. A pesar de que todas las empresas dedican mucho tiempo a la planificación y estrategia de sus negocios, es raro que todos estos planes, estrategias y técnicas se implementen o se sigan. Esto puede deberse a numerosos factores resultantes de cambios en las políticas gubernamentales, cambios en los precios y la demanda internacional, conflictos regionales, etc. Estos cambios económicos

85

y comerciales brindan al talento creativo una buena oportunidad para ayudar a las empresas a lograr sus objetivos al expresar su determinación de manejar estos problemas contingentes utilizando sus habilidades creativas. Los creativos son capaces de intentar hacer lo que otros no pueden hacer fácilmente. Esto los coloca en el camino para aprender nuevos hechos y formas de abordar problemas complejos y desafiantes. La creatividad solo puede florecer en un entorno adecuado. El lugar de trabajo debe apoyar, promover y validar a las personas creativas y sus habilidades y capacidades creativas.

Ayuda a empleadores y empleados potenciales

Los empleados creativos son la opción preferida de los empleadores, ya que ayudan a las empresas a maximizar su potencial de generación de ingresos. Las empresas que trabajan duro para proporcionar un entorno de trabajo verdaderamente creativo experimentan un fuerte crecimiento y mayores ingresos. Si eres un apasionado de la creatividad y disfrutas asumiendo tareas desafiantes, entonces puedes presentarte como tal al buscar trabajo en una empresa o beneficiarte de él en el crecimiento de tu carrera dentro de una empresa existente. Debe mencionar explícitamente en su CV sus éxitos creativos anteriores, el impacto de sus habilidades creativas y pensamiento lateral en el crecimiento de la organización y, lo que es más importante, la generación de ingresos. No olvide escribir sobre los muchos beneficios que una empresa puede obtener de sus habilidades y capacidades creativas. No dude en mencionar las circunstancias especiales y desafiantes que ayudaron a su antigua empresa a evitar fallar en un plan de negocios debido a su intelecto creativo. Algunos ejemplos serían la introducción de una estrategia de precios renovada que ayudó a la empresa a duplicar sus ingresos o una estrategia de arrendamiento que ayudó a lograr la máxima ocupación de las propiedades de alquiler de una empresa.

Las empresas necesitan urgentemente personas con Inteligencia Creativa, y uno no debe dejar de capitalizar sus habilidades demostradas para perseguir con éxito el crecimiento profesional.

4.2 La importancia de la creatividad y la innovación en las empresas

La creatividad y la innovación, particularmente en el mundo económico siempre cambiante e impredecible en el que vivimos, generalmente se han reconocido como cruciales para el éxito empresarial. Todos sabemos que la creatividad te permite generar nuevas ideas. Por otro lado, la realización de ideas únicas se conoce como innovación.

Un entorno propicio para la creatividad y la innovación ayuda a las empresas a adquirir habilidades únicas en el campo de la resolución de problemas. Los avances en la tecnología o los nuevos inventos ayudan a las personas a resolver sus problemas diarios y también ayudan a mejorar la vida.

Esto también se aplica a las grandes corporaciones y conglomerados comerciales gigantes. La presencia de Inteligencia Creativa y personas innovadoras ayuda a las empresas a funcionar de manera óptima. La creatividad mejora la capacidad de las empresas para resolver problemas y aumenta la generación de ingresos. También mejora la imagen y ayuda a lograr una posición única en el competitivo mundo empresarial.

Las empresas que desean prosperar y construir su imagen siempre están buscando talento creativo, ya que la ausencia de recursos humanos tan vitales podría obligar a las empresas a experimentar una disminución en sus ganancias y una percepción pública negativa del negocio de la empresa y de sus actividades.

Las empresas sin talento creativo adoptan estrategias y actividades de promoción idénticas. Estas empresas tampoco expanden su línea de productos. Como resultado, estas empresas siguen siendo esquivas para alcanzar la posición de liderazgo en su sector empresarial. Por el contrario, las empresas que tienen personas creativas siguen introduciendo nuevas estrategias comerciales y productos. Su negocio puede volverse más competitivo si busca e implementa la creatividad.

Un estudio revela que los trabajadores trabajan de manera más eficiente cuando se enfrentan a tareas desafiantes y tienen la libertad de aplicar sus habilidades creativas para resolver tareas nuevas y complejas. Por el contrario, cuando el talento creativo se ve obligado a seguir una serie de estrictas medidas de procedimiento, su flujo creativo se ve obstaculizado. Esto significa que cuando a los empleados se les da la libertad de pensar y realizar sus deberes libremente, en última instancia, se promueve el crecimiento y las ganancias. Básicamente, esto significa satisfacer las expectativas del consumidor para una variedad de servicios o contrarrestar las estrategias de la competencia de una manera distintiva.

4.3 Importancia de la creatividad en la vida

Los siguientes factores describen la importancia de la inteligencia creativa y los elementos de la creatividad en nuestra vida:

La creatividad te ayuda a vivir más

La tasa de mortalidad y el riesgo pueden

mitigarse participando en actividades creativas. La creatividad mejora la salud y utiliza una serie de neuronas durante el proceso creativo. Existe una amplia evidencia científica que sugiere que la creación de algo nuevo y el uso de la innovación ayudan a reducir la negatividad, curan ciertas afecciones médicas como la ansiedad y promueven un estilo de vida saludable y sin preocupaciones. La creatividad ayuda a aumentar la esperanza de vida mejorando la salud física y mental.

Desarrollar la capacidad de resolver problemas.

Las personas creativas no tienen miedo de abordar problemas desafiantes. Es por ello que desarrollan habilidades de resolución de problemas que les permiten abordar y resolver cualquier problema relacionado con la economía o la familia. Estudian y analizan problemas desde múltiples puntos de vista y luego aplican un enfoque racional para resolverlos. Tienen la capacidad de visualizar problemas complejos y ambiguos de una manera creativa y poco convencional. Las situaciones ambiguas y desconcertantes no les asustan, ya que están preparados para afrontarlas y encontrar una solución práctica.

Generar confianza

La creatividad implica gestionar tareas complejas. Constituye una zambullida en el reino desconocido y aún por descubrir. Todo esto está en riesgo y hace que los creativos sean vulnerables al fracaso. Pero creen en la acción y rechazan la inmovilidad. Son seres vivos que no le temen a nada porque son ricos en confianza en sí mismos. Tienen confianza en sus habilidades y destrezas. El riesgo de fracasar no puede evitar que alcancen sus metas porque saben que el éxito y el fracaso están interconectados, y es el miedo lo que conduce al fracaso.

4.4 Papel e importancia de la creatividad en el aula

Siempre hay elementos de creatividad en un buen ambiente escolar que hacen que las lecciones sean más interactivas. La combinación correcta de innovación y educación permite a los estudiantes ser creativos y los inspira a aprender algo diferente. Además de desarrollar sus habilidades sociales e interpersonales, ayuda a los estudiantes a desarrollar buenas habilidades de comunicación. Cuando los maestros aplican la creatividad a su método de enseñanza general, provocan un cambio radical, que inspira y motiva a los niños a adquirir conocimientos de manera positiva.

Los métodos de enseñanza creativos juegan un papel importante en el crecimiento emocional de un estudiante. Ahora describiremos la importancia de la creatividad y sus beneficios en la clase de hoy.

Aprende con diversión

Las aulas creativas ofrecen a los estudiantes la oportunidad de aprender y conocer de una manera divertida. Cuando los maestros enseñan a los niños contándoles diferentes historias o compartiendo información interesante, los niños comienzan a aprender en un ambiente divertido y sin presiones. Los estudiantes tienen la propensión a aprender en un ambiente cómodo. Los estudios muestran que los profesores tienen éxito y que utilizan técnicas de enseñanza creativas para impartir educación.

Es deber de los maestros inculcar habilidades creativas en los estudiantes para ayudarlos a convertirse en personas mayores con intelecto y habilidades creativas. Se debe enseñar a los estudiantes a respetar las ideas de sus compañeros. Esto se puede lograr ofreciéndoles un entorno que incluya actividades grupales.

Libertad de expresión

Los métodos de enseñanza ortodoxos ponen a prueba las habilidades creativas de los estudiantes. Las aulas creativas brindan a los estudiantes una plataforma sólida y efectiva para hablar sobre diferentes temas sin miedo de dudar.

Se debe alentar a los estudiantes a participar en las actividades del aula, debates o actividades que promuevan la libertad de expresión sobre temas de actualidad. Los maestros deben ayudar a los estudiantes a superar su timidez o miedo. Los estudiantes deben poder compartir libremente sus puntos de vista o ideas. Esto les ayudaría a pensar de forma creativa.

Desarrollo emocional

Se puede promover el desarrollo emocional de los niños permitiéndoles expresarse libre y creativamente. Se debe enseñar a los estudiantes, desde el jardín de infancia, a responder con franqueza a diferentes eventos. La creatividad permite a los estudiantes pensar en diferentes temas, explorar lo desconocido y recopilar nueva información. En otras palabras, les da a los estudiantes la libertad de investigar y encontrar soluciones. Se suma a su experiencia de aprendizaje, promueve el desarrollo emocional y fortalece la confianza en sí mismos.

Mejorar las habilidades de pensamiento

La creatividad tiene el poder de activar y fortalecer la capacidad imaginativa de los estudiantes. Con este fin, los maestros fomentan las sesiones de lluvia de ideas y las conversaciones en medio de un plan de estudios muy ajetreado. Algunos maestros usan estos métodos con mucho tacto para enseñar lecciones difíciles a los niños. Esto ayuda a los estudiantes a aprender con diversión y facilidad.

Las actividades como los espectáculos de marionetas pueden mantener a los estudiantes involucrados en las sesiones de aprendizaje y darles la satisfacción de la creatividad.

Reduce el estrés y la ansiedad.

Los niveles más altos de estrés se han asociado con niveles más bajos de creatividad. El estrés se puede mitigar permitiendo que los estudiantes participen en actividades creativas intermitentes durante su ardua rutina de estudio. Los estudiantes tienen tiempo para la alegría y la diversión. Esto los calma. Como resultado, se sienten rejuvenecidos e inspirados para dedicar su tiempo a los estudios y la educación. Los estudios indican que el desarrollo y la creación de técnicas de aprendizaje innovadoras, la incorporación de la diversión en la rutina diaria de estudio y la promoción de debates estimulantes pueden influir positivamente en la experiencia de aprendizaje de los estudiantes. El entorno del aula y los métodos de enseñanza creativos también juegan un papel importante en el logro de las metas educativas.

Incrementar las habilidades de resolución de problemas.

Las investigaciones muestran que todas las actividades mentales diseñadas para activar las habilidades y capacidades de pensamiento de los estudiantes ayudan a promover las habilidades de resolución de problemas de los estudiantes de manera efectiva. Los juegos de lluvia de ideas con rompecabezas pueden mejorar la capacidad de los niños para resolver problemas. La forma en que los estudiantes discuten un problema realmente se puede mejorar mediante la creatividad.

En el aula, se puede estimular y promover la resolución creativa de problemas. Esto ayuda a los estudiantes a pensar más profundamente y ser más imaginativos e inventivos. Esto redefinirá los desafíos u oportunidades de los estudiantes y hará que las ideas sean más creativas.

Mejorar el enfoque y la atención

Un niño de jardín de infantes casi no pasa tiempo enfocándose en lo que se discute o se enseña en el salón de clases. Se aburre fácilmente con los métodos de enseñanza rutinarios y ortodoxos y, por lo tanto, pierde interés y concentración.

Sin duda, se podría mejorar su concentración y atención, y la enseñanza sería más eficaz si se pudieran incorporar técnicas de enseñanza creativas en los planes de enseñanza. La narración de cuentos, los juegos de memoria, las discusiones en grupo y la libertad de expresión pueden ayudarlo a motivarlo a concentrarse en momentos educativos particulares. Un aula creativa, junto con técnicas de enseñanza creativas, puede influir positivamente en las actitudes de los niños.

Ayude a los niños a comunicarse mejor

Los métodos de enseñanza innovadores y una atmósfera de clase creativa que fomenta la creatividad y el pensamiento innovador ayudan a los niños a convertirse en comunicadores eficaces. El aula donde los estudiantes pueden pensar libre y creativamente puede ayudar a promover las sesiones especiales de conversación de los estudiantes en su tiempo libre para promover las habilidades de comunicación de los estudiantes. También estimula la resolución de problemas combinados y promueve el cuidado y el afecto mutuos. Se ha descubierto que las discusiones en clase tienden a ayudar al pensamiento creativo y a promover los niveles de aceptación de los estudiantes al mejorar su paciencia para escuchar y absorber las opiniones disidentes.

Sigue las pasiones

Un estudiante debe poder satisfacer sus intereses y alcanzar la excelencia académica. Un buen ambiente en el aula debe darles a los estudiantes la libertad de pasar tiempo escuchando música, la libertad de jugar juegos divertidos y emocionantes y la oportunidad de participar en actividades creativas.

Como resultado, los estudiantes se involucran en sus estudios y se enfocan más en sus logros académicos. Esto realmente ayudaría a los estudiantes a fomentar sus habilidades creativas y, al mismo tiempo, alcanzar la excelencia académica.

Mente innovadora

Las preguntas que solo requieren una respuesta Sí o No no promueven el pensamiento y las habilidades creativas de los estudiantes. Sin embargo, las preguntas abiertas que estimulan las habilidades de pensamiento y resolución de problemas, lo que permite a los estudiantes proporcionar una explicación plausible sobre un tema determinado, ayudan a mejorar las habilidades de pensamiento y comunicación de los estudiantes. Se ha descubierto que tales preguntas abiertas y discusiones grupales que hacen obligatoria la participación de los estudiantes pueden promover la libertad de expresión y las habilidades del habla de los estudiantes. De esta forma, la mentalidad tradicional de los estudiantes se transforma en una mentalidad poco convencional y creativa. Esto les da a los estudiantes la libertad de pensar de manera independiente y crítica y de transmitir sus ideas creativas sin miedo. Estas y otras actividades similares ayudan a los estudiantes a explorar y pensar en otros temas y a generar ideas nuevas y emocionantes para la resolución de problemas. Un aula colorida con muchos dibujos e imágenes interesantes puede despertar el interés de los estudiantes y ayudarlos a perseguir sus intereses académicos de manera efectiva y exitosa.

Interés por aprender

Una persona con una mentalidad creativa tiene la voluntad de aprender continuamente cosas nuevas, y esto le permite desarrollar un sentimiento increíble de ser parte del aprendizaje permanente. Esto lo mantendrá motivado y comprometido en consecuencia.

Los estudiantes suelen ser curiosos y quieren saber y aprender cosas diferentes. No obtienen satisfacción de un conocimiento superficial de los hechos. Tienen este deseo innato de aprender más y más sobre temas nuevos y temas interesantes, a menos que no les quede nada por explorar. Es necesario comprender el papel importante y eficaz que puede desempeñar una clase creativa para estimular el intelecto curioso de los estudiantes. Es un hecho que las aulas creativas solo pueden ser diseñadas por profesores apasionados por la creatividad. Por tanto, es deber de las instituciones educativas invertir en el intelecto creativo de sus profesores. Los profesores creativos pueden utilizar la combinación adecuada de imaginación para lograr los resultados deseados.

La alegría de la creatividad también contribuye en gran medida a mejorar la salud, y esto permite que los estudiantes continúen prosperando tanto en la academia como en las artes. Cada niño tiene cierta creatividad inherente, y la guía correcta del maestro lo estimula y lo nutre para ayudarlo a crecer como persona creativa.

Conclusión

La inteligencia creativa es un rasgo humano raro y único que involucra formas innovadoras de pensar. Su rareza y singularidad no están relacionadas con la genética. Al contrario, esta notable cualidad puede enseñarse, adquirirse y practicarse. Las personas creativas suelen ser audaces, seguras de sí mismas y arriesgadas. Les encanta adquirir conocimientos y explorar nuevos temas. No temen las situaciones difíciles, los proyectos intrincados y no temen los fracasos.

A las personas creativas no les gustan los estereotipos y las tareas monótonas, porque eso no les ayuda a desarrollar y cultivar sus habilidades creativas. Les encanta lidiar con problemas únicos y nuevos, ya que esto favorece la adquisición de nuevas habilidades. Son "pensadores fuera de la caja" y tienen la capacidad y la habilidad de explorar y encontrar soluciones a problemas complejos.

La inteligencia creativa florece en entornos propicios para la creatividad y donde no existen restricciones al pensamiento innovador. Aunque las empresas y organizaciones buscan seriamente los servicios de personas creativas, las personas en la cima tienen dificultades para llevarse bien con los creativos debido a su enfoque aparentemente extraño y desafiante de las reglas, principios y políticas locales de trabajo.

Las personas creativas con sus habilidades creativas ayudan a las empresas a lograr sus objetivos financieros, aumentar su productividad y obtener una ventaja competitiva en los negocios mediante la generación de nuevos productos e ideas innovadoras. La inteligencia creativa se ha vuelto indispensable para lograr objetivos personales y profesionales exitosos.

Los individuos no deben dejarse engañar por la creencia generalizada de que la creatividad es un rasgo genético y que es difícil adquirir habilidades y capacidades creativas. Recuerda que si una persona es un apasionado de la creatividad, entonces puede aprenderla con la máxima dedicación y compromiso.

Como desarrollar el pensamiento creativo

Copyright ©2021 - Hayden J. Power

Todos los derechos reservados.

Además, la información que se pueda encontrar de forma inmediata dentro de las páginas descritas debe considerarse precisa y veraz a la hora de contar los hechos.

Como tal, cualquier uso, correcto o incorrecto, de la información proporcionada eximirá al autor de responsabilidad por acciones realizadas fuera de su área de competencia directa. Independientemente, no hay escenarios en los que el autor o editor original pueda ser considerado responsable de ninguna manera por los daños o dificultades que puedan surgir de la información contenida en este documento.

Por su naturaleza, la información se presenta sin garantía alguna en cuanto a su vigencia prolongada en el tiempo.

Cualquier marca registrada presente o gente famosa ha sido mencionada sin consentimiento por escrito y esto no puede ser considerado de ninguna manera un respaldo por parte del propietario de la marca registrada o del personaje mismo. Todas las citas están presentes solo con fines informativos y educativos.

Lightning Source UK Ltd.
Milton Keynes UK
UKHW020436100621
385174UK00014B/257

9 781802 744651